JULIE,
OU
LE BON PERE;
COMÉDIE.

JULIE,

OU

LE BON PERE;

COMÉDIE

EN TROIS ACTES ET EN PROSE,

Représentée, pour la premiere fois, sur le Théâtre de la Comédie Françoise, le 14.ª Juin 1769.

PAR M. D** N**,

Gentilhomme Ordinaire du Roi.

Prix 30 sols.

A PARIS,

Chez Delalain, Libraire, rue & à côté de la Comédie Françoise.

M. D. CC. LXIX.

A MON PÈRE.

LE Public indulgent a trouvé dans cet Ouvrage l'expreſſion d'un cœur honnête. Les ſentimens qu'il reſpire vous appartiennent, puiſque vous m'en avez fourni le modéle ; ce n'eſt que d'après vous que j'ai pu tracer le tableau d'un bon Père; ſi vous en agréez l'hommage, ce ſera le prix le plus flatteur du premier & foible ſuccès que je viens d'obtenir.

APPROBATION.

J'ai lu, par ordre de Monsieur le Lieutenant-Général de Police, *Julie, ou le Bon Père*, Comédie, & je crois qu'on en peut permettre l'impression. A Paris, ce 21 Juin 1769.

MARIN.

ACTEURS.

LISIMOND,   M. Brizard.

JULIE, Fille de Lisimond,
                    Mlle Doligni.

DAMIS, Amant de Julie,   M. Molé.

AGATHE, Confidente de Julie,
                    Mlle Fanier.

DUMONT, Valet de Damis,
                    M. Feuillie.

CLEMENT, Payſan,   M. Paulin.

TROUPE de Payſans & de Payſannes.

La Scène eſt dans une Campagne.

JULIE,
OU
LE BON PERE;
COMÉDIE.

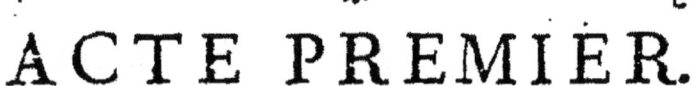

ACTE PREMIER.

SCENE PREMIERE.

Damis entre, accompagné de Paysans & de Paysannes, qui arrivent en dansant. Deux d'entr'eux tiennent des corbeilles remplies de bouquets noués avec des rubans de toutes couleurs.

DAMIS.

Oui, mes Amis, je suis trop heureux de vous procurer quelques amusemens:

j'ai quitté exprès ma campagne, qui est à une lieue de ce village, pour venir me joindre à vos jeux. Vous, avant de distribuer les bouquets qui sont dans ces corbeilles, attendez la présence de Julie. N'est-il pas vrai, mes amis, que Julie est faite pour présider à vos fêtes? Vous, ses belles compagnes, en lui cédant le prix de la beauté, vous vous rendez dignes de le partager avec elle. La jalousie, parmi vous, est une émulation douce, & non ce sentiment cruel qui fait haïr une femme par toutes les autres, à proportion des titres qu'elle a pour être aimée. Mais qu'apperçois-je? C'est Julie elle-même. Dieu ! Son pere la suit ! (*à part.*) N'importe ; ma tendresse est pure ; Lisimond est vertueux : je dois chercher ses regards, au lieu de les craindre.

COMEDIE.

SCENE II.

JULIE, LISIMOND, AGATHE, CLEMENT *qui entrent ensemble.* DAMIS.

Pendant la Scene, toutes les filles & les garçons vont prendre les bouquets dans les corbeilles. Lisimond reste sur le devant du Théâtre d'un air pensif.

DAMIS (*à Julie.*)

Belle Julie, on n'attendoit plus que vous, pour se rendre à la salle du bal, préparée sous le cintre de verdure, à l'entrée du hameau. On vous a, d'une commune voix, nommée la Reine de la Fête; voici la couronne champêtre que je suis chargé de vous offrir : le prix de la beauté est bien flatteur, quand il est, en même tems, celui de la vertu.

JULIE.

Ce dernier, Monsieur, est le seul que j'ambitionne : la couronne doit être à la plus belle ; je la refuse.

AGATHE.

Bon, bon, prenez toujours.

CLEMENT.

Eh ! fans doute ! puifque c'eft à la pluralité des voix, m'eft avis, qu'il n'y a pas de difpute à avoir pour çà.

(*à Damis.*) Allez : vous avez bien choifi ; & je vois bien que vous êtes un gaillard qui vous connoiffez en jolies filles. Tenez, moi qui vous parle, je n'aurois pas choifi autrement.

DAMIS.

Eh bien ! vous entendez ? Ah ! Julie, interrogez toutes les ames, lifez dans tous les yeux, ils vous tiendront le même langage : ils vous diront que vous êtes belle, fans fonger à l'être ; que votre modeftie, vos graces..... Je n'ajoute qu'un mot, charmante Julie ! Le refus que vous faites de la couronne eft un titre de plus pour l'obtenir ; elle eft à vous.

COMÉDIE,

AGATHE.

Je la prendrai, moi, si vous faites tant de façons.

JULIE.

(*Se jettant dans les bras de son pere, qui est toujours resté sur le devant du Théâtre*).

Mon pere!

LISIMOND.

Eh bien! ma fille?

CLEMENT.

C'est votre consentement qu'elle vous demande. Est-ce que vous ne devinez point ça, vous?

AGATHE.

Des fleurs! est-ce que cela se refuse?

LISIMOND.

Elle peut les accepter. (*froidement.*) Allez, ma fille, goûtez les plaisirs de votre âge. (*avec plus de tendresse.*) Tu sçais bien que je ne me suis jamais opposé à ce qui pouvoit faire ton bonheur : mais prends garde de te tromper au choix ; & songe que le repos de l'ame est le premier de tous les plaisirs.

AGATHE.

Ah ! j'entends les violons : ne perdons pas de tems à sermoner.

CLEMENT.

Oh ! oui ; n'est-ce pas ? C'est autant de pris sur la danse.

AGATHE.

Allons, allons.

CLEMENT (*à Lisimond.*)

Et vous, est-ce que vous ne venez pas ?

LISIMOND.

Non, pas encore.

JULIE.

Quoi ! mon pere !........

LISIMOND.

Je te rejoins bientôt. Eh ! puis-je être jamais absent, s'il est vrai que je sois toujours dans ton cœur ?

(*Damis, Julie, Agathe se retirent avec la suite.*)

SCENE III.

CLEMENT, LISIMOND,

CLEMENT.

Eh ! Pourquoi donc ne pas vous livrer à l'allégresse commune ?

LISIMOND.

Arrête ; j'ai à te parler.

CLEMENT.

A la bonne heure. Stapendant, j'étois bian en train, morgué.

LISIMOND.

Mon ame a besoin de s'épancher, & voici le moment de te tenir parole. Ta franchise, ta bonhomie te donnent des droits à ma confiance ; & tu m'as fait éprouver que si l'infortune est par-tout, il est aussi par-tout des consolations pour les malheureux.

CLEMENT.

Vous, malheureux ! Ah ! palsangué,

si je pouvons vous être utile, vous n'avez qu'à parler. Je sommes un peu rustique; mais je sommes bon ami; & m'est avis qu'on n'a pas besoin d'être si sçavant pour s'attendrir sur le sort de ceux qu'on aime.

LISIMOND.

Tu as raison; que ce langage me touche! Il faut venir au village pour l'entendre.

CLEMENT.

Ah çà, contez-nous un peu l'histoire de vos infortunes, & je verrons ce qu'il y aura à faire à ça.

LISIMOND.

Tel que tu me vois, mon cher Clément, j'ai brillé autrefois dans ce qu'on appelle le monde : j'avois un rang, des titres, des richesses, & par conséquent des amis: Tout me rioit, je possédois une épouse chérie, & des enfans qui m'annonçoient un avenir heureux. Dans cet âge où l'homme détrompé commence à mettre à profit les erreurs de sa jeunesse, & ne vit plus, en quelque sorte, que pour le bien des autres ; dans cet âge paisible, où l'on se croit à l'abri des orages, tous les revers m'ont accablé à la fois : mes biens m'ont été enlevés, j'ai perdu mon épouse, mon fils est mort à la fleur de l'âge. Sans fortune, je fus bientôt sans amis. Réduit au désespoir, je suis venu avec ma fille dans ce séjour ignoré de mes persécuteurs. Ma chere, ma vertueuse Julie m'a tenu lieu de tout ; & j'ai au moins connu parmi vous un bien que l'opulence empêche de connoître, la vérité.

CLEMENT.

Oh ! Je m'étions toujours bian douté que vous étiez d'une noble extraction ; & cela ne fait qu'augmenter le cas que je faisons de votre personne. Disposez de nous, notre service, nos biens, tout est à vous. Mais dites-moi donc, pour achever d'oublier tous ces chagrins, que ne mariez-vous votre fille ? M'est avis que cela vous ragaillardiroit : écoutez donc ; il ne tiendroit qu'à vous.

LISIMOND.

Et comment cela ?

CLEMENT.

Ou je n'y vois goutte, ou le jeune Damis est diablement clairvoyant sur les qualités de Julie.

LISIMOND.

Et voilà justement le sujet de mon inquiétude, de mon chagrin.

CLEMENT.

Qu'est-ce donc qu'il y a là de si chagrinant ? On se convient, on s'aime, on s'épouse, cela va tout seul. Je parie que votre fille ne voit pas le mal si grand que vous le faites.

LISIMOND.

Je ne m'en consolerois pas. Damis, je le sçais, a toutes les graces de son âge, & même l'apparence des vertus ; mais il a vécu dans le grand monde ; il en aime l'éclat, il en a les mœurs, & elles ne conviennent ni à ma fille ni a moi. Quelles mœurs! Juste Ciel! puisse ma Julie ne les connoître jamais! Il faut en être ou complice ou victime.

Clement.

N'êtes-vous pas aussi tant soit peu trop sévère?

Lisimond.

Non, mon ami. L'expérience m'a rendu indulgent. Eh! pour qui le ferois-je, si ce n'est pour ma chere Julie? Mais encore un coup je ne veux point d'un établissement qui me rengageroit dans le monde, & m'enleveroit à ma paisible obscurité. J'ai mille raisons pour fuir l'éclat : mon cœur accoutumé à la retraite, ne pourroit plus goûter les plaisirs tumultueux. Heureusement je n'ai point élevé ma fille dans ces prétentions ambitieuses, dont le sacrifice coûte toujours à la vanité de son sexe. Eh! voudroit-elle hasarder mon bonheur pour une félicité que l'âge de Damis ne rendroit que trop incertaine ? Je chercherai pour ma chère Julie un honnête homme qu'elle puisse aimer, mais non pas un époux qu'il faille regarder comme son bienfaiteur & le mien.

CLÉMENT.

A la bonne-heure ! Dépêchez-vous donc ; car cette Fille-là mérite de ne pas languir. Que je danserons à la nôce ! De ce jour là, il faudra oublier tous vos revers.

LISIMOND.

Mon cher Clément, le tems adoucit les peines les plus cuisantes. Je suis parvenu à me trouver content de ma situation. Je vis parmi de bonnes gens, j'assiste à vos fêtes ; j'y trouve cette gaîté franche que la nature donne pour récompense à ceux qu'elle condamne aux travaux. Tout ce qui vous arrive d'heureux influe sur mon bonheur : le retour de la belle saison m'amène de nouveaux

COMÉDIE. 13

plaisirs, en m'amenant de nouvelles espérances ; tout me devient intéressant ; je jouis dans tout ce qui m'environne, & je ne m'apperçois de ma pauvreté que par l'impuissance de réparer les malheurs que le Ciel vous envoie.

CLEMENT.

La belle ame ! Mais j'apperçois le Valet de Damis.

LISIMOND.

Rejoignons la fête : puisse ma présence ne la point troubler ! Je me défie des plaisirs que l'œil d'un père embarrasse. (*Il sort*).

SCENE IV.

DUMONT (*seul en bottes & essoufflé.*)

Maudits soient les procès, les Procureurs, & les chevaux de poste ! Toujours sur les routes ; cela est tuant. Ouf : Je cours à la maison de Campagne, chercher mon maître ; néant ; il est ici. Où le trouver encore ? Ma foi, respirons. Enfin, voilà qui est fini : c'est aujourd'hui que se juge son affaire ; cette grande affaire, d'où dépend son bonheur, sa fortune, & sur-tout le payement de mes gages. Que d'allées & de venues elle m'a coûté ! Que de lettres, de messages, de négociations confiées à mes lumières & à mon zèle ! Aujourd'hui chez le Notaire ; demain chez l'Avocat ; après demain, chez le Rapporteur, & cœtera. (*Il s'assied*). Asséïons-nous. Cela est singulier pourtant ! Un quidam vous dispute votre bien : vous allez chez un soi-disant homme de loi, qui ensevelit votre droit sous un tas de paperasses : un autre survient, se charge de prouver, pour de l'argent, que vous avez raison ; tandis que votre adversaire paye, de son côté, pour qu'on ait à soutenir que vous avez tort. Ce que c'est que les Peuples policés ! Mais laissons la chicane & ses noires vapeurs ; respirons le frais dans ces retraites champêtres, où l'on foule à ſes pieds tous les ſoucis de la ville. Folâtre Agathe, ſenſible Julie, vous partagez le cœur du tendre Dumont! Elles m'aiment, toutes deux, ces jeunes Filles, avec une bonne foi qui me charme: Je ris avec l'une; avec l'autre, je ſoupire; & ma vie coule doucement... aux commiſſions près, qui ne laiſſent pas que de me déranger. J'entends du bruit.

SCENE V.

DAMIS, DUMONT.

DUMONT.

C'est mon Maître; il parle tout ſeul, il geſticule; l'air de ce pays-ci l'échauffe comme tous les Diables: Abordons-le. (*A Damis*). Monſieur....me voici...

DAMIS (*ſans l'appercevoir.*)

Père cruel! que vous ai-je fait? Que vous a fait votre Fille pour la contraindre ainsi, & empoisonner tous ses plaisirs ?

DUMONT.

Monsieur.... le procès...

DAMIS.

Elle se livroit à la joie & à cette liberté décente que le bal permet.

DUMONT.

Il se juge aujourd'hui.

DAMIS.

Son Père paroît, avec un front sévère ; tout se glace à l'instant : elle court à lui, l'embrasse : je ne sçais ce qu'il peut lui avoir dit ; mais elle a versé des larmes, & s'est retirée. Ah ! ç'en est fait, je ne pourrai rien gagner sur l'esprit de cet homme ombrageux.

DUMONT.

Je vous assure que vous le gagnerez ; votre Avocat me l'a dit.

DAMIS (*avec emportement.*)

Que parles-tu d'Avocat ?

DUMONT.

Parbleu, Monsieur, je vous parle de ce qui doit vous occuper, de votre procès : il se juge aujourd'hui : on vous enverra un courier ce soir, pour vous en porter la nouvelle.

DAMIS (*à part en se promenant.*)

O Ciel ! me faudra-t-il renoncer aux graces, à la vertu, à la beauté ? Ce sont là les premiers de tous les biens.

DUMONT.

Dieu merci ! vous allez les recouvrer, vos biens ; & il étoit tems, au moins ; car vous & moi, nous étions à sec. Heureusement que les Créanciers ne viennent point à la Campagne ! C'est pour cela, je crois, que la nature y est si belle.

DAMIS.

Ne te tairas-tu point ?

DUMONT. (*à part.*)

Il est devenu fou !

SCENE VI.
AGATHE, DAMIS, DUMONT.

DUMONT.

Mais voici, Mademoiselle Agathe. Bonjour, charmante ! toujours gaîe, toujours vive ! Vous me cherchiez, n'est-ce pas ?

AGATHE (à *Damis*.)

Pourquoi donc, Monsieur, avez-vous quitté la fête ?

DAMIS. (*à part.*

Oh ! Julie, Julie !

DUMONT.

Est-ce qu'il y a une fête ici ?

AGATHE.

Oui, vraiment ; on danse, à l'entrée du Village.

DUMONT.

Oh ! je n'ai pas le cœur à la danse ; je suis trop las.

AGATHE (*avec finesse.*)

Mais on y boit aussi, Monsieur Dumont.

DUMONT.

Diable! cela devient sérieux; j'y cours. (*Il sort*).

SCENE VII.

AGATHE, DAMIS.

AGATHE.

Parlez-moi donc, Monsieur! car je suis venue, exprès, pour cela.

DAMIS.

Que voulez-vous que je vous dise, Agathe? Je suis au désespoir.

AGATHE.

Eh! bien! & moi, aussi. Voilà un bal bien gaî.

DAMIS.

C'est ce Monsieur Lisimond, qui est cause de tout cela.

AGATHE.

Qui ? lui ! c'eſt le meilleur homme du monde, le meilleur Père, ſur-tout.

DAMIS.

Oui, qui ne permet pas à ſa Fille la moindre diſſipation.

AGATHE.

Oh ! ce n'eſt pas lui qui la chagrine ; c'eſt elle qui ſe chagrine toute ſeule : comme je ſuis ſa bonne amie, voyez-vous ; je m'apperçois des moindres peines qu'elle peut avoir, dans l'intention de la conſoler, en cas de beſoin.

DAMIS.

Eh ! ſçavez-vous, Mademoiſelle Agathe, quels ſont les chagrins de votre bonne amie ?

AGATHE.

Non ; juſqu'à préſent, elle s'obſtine à ſe taire.

DAMIS.

Mais encore, qu'avez-vous remarqué en elle ?

AGATHE.

Tenez : depuis qu'elle est comme cela, elle cherche à être seule : je l'ai examinée quelquefois, sans qu'elle me vît : il semble d'abord, qu'elle soit occupée de choses qui lui plaisent : son visage s'épanouit, & cette langueur se dissipe ; mais bientôt après elle retombe : ses yeux sont prêts à verser des larmes, & elle ne nous rejoint que plus triste & plus abattue. En vérité je ne comprends rien à ce mal-là.

DAMIS.

Je n'ose me flater d'en pénétrer la cause.

AGATHE.

Voyez-vous, Monsieur ; ce n'est pas une fille ordinaire ; il semble qu'elle est comme les autres ; & elle n'est pas de même : quand elle est en quelque endroit avec nous, on ne regarde qu'elle ; & cependant on ne sçauroit en être jaloux : tout le monde l'aime. Elle, qui portoit la gaieté par-tout, rien ne peut l'égayer maintenant : son état me touche si fort, que je suis prête à pleurer.

DAMIS (*à part.*)

Ah ! puis-je interpréter pour moi le trouble de son ame ? Seroit-elle sensible ?.....

AGATHE.

Comment ! Qu'avez-vous ?

DAMIS.

En peignant la situation de Julie, vous peignez la mienne ; & votre récit n'a fait que redoubler les transports qui m'agitent.

AGATHE.

Quoi ! la même maladie vous tient ? Mais, se communique-t-elle ? Si je l'allois prendre ?......

DAMIS.

Ah ! ma chere Agathe ! l'amour........

AGATHE.

L'amour ! Que dites-vous ? Mais,

l'amour rend gai : est-il différent chez vous.

DAMIS.

Non Agathe : il est par-tout le même, mais il nous affecte, plus ou moins, selon nos caracteres, & la délicatesse de nos sentimens.

AGATHE.

Mais cependant il ne peut faire notre malheur, que lorsque celui que nous aimons, ne nous aime pas. Chez nous, dès qu'on se sent de l'amour pour quelqu'un, on ne le lui cache pas ; parce que, si l'on ne se convient pas, tout est dit, & on n'y pense plus : si l'on se convient, vîte on se marie ; ou bien l'on dit : dans un an, dans deux ; & on n'y pense que quand il le faut. Lorsqu'il y a quelque fête, on y va avec son futur ; on y parle d'amour ; on y danse avec lui, & tout cela ne rend point malheureux. Mais ces sentimens dont vous venez de parler, & qui sont si délicats, à quoi sont-ils bons ? On dit que Julie en a beaucoup : vous paroissez aussi en avoir votre bonne part ; &, si Julie est amoureuse, elle a sûrement un amour de l'espèce du vôtre.

DAMIS (*à part*).

Elle m'en deviendroit plus chère.

AGATHE.

Mais il me vient une idée : ce pourroit bien être de vous, dont elle seroit amoureuse.

DAMIS.

Quoi, Agathe, auriez-vous pu remarquer ?.. Ah ! que vous flattez mon amour !

AGATHE.

Oh ! comme vous vous échauffez ! Mais que vous ai-je donc dit, pour...

DAMIS.

Ah ! vous venez de donner à mon cœur un rayon d'espérance. Apprenez que j'adore Julie. Vous seule, pouvez m'obliger : vous pouvez démêler ses sentimens ; peignez-lui mon amour,

des

des plus vives couleurs : mais, hélas ! pourriez-vous y réussir, puisqu'à peine pourrois-je moi-même le peindre tel qu'il est?

AGATHE.

Votre état me touche réellement : allons, je m'en charge; mais n'allez pas nous tromper toutes deux, au moins.

DAMIS.

Ah ! pouvez-vous penser que j'aie pu former un pareil dessein?

―――――

SCENE VIII.

DAMIS, DUMONT.

DAMIS (à part.)

Voici Dumont : peut-être me dira-t-il quelques nouvelles de Julie.

DUMONT, (*en pointe de vin.*)

Ah ! le bon pays ! le bon pays ! Je suis, Monsieur, dans un enchantement, dans une yvresse......

JULIE,

DAMIS.

Je le vois bien.

DUMONT.

Monsieur Dumont veut-il boire ? Donnez donc à boire à Monsieur Dumont. Toutes ces jeunes filles me versoient des rasades, que.... j'avalois.... en vérité je suis tout hors de moi.

DAMIS.

C'est ce qui me semble.

DUMONT.

Julie, sur-tout ! Oh ! c'est un joli enfant.

DAMIS (*avec vivacité.*)

Comment ! que dis-tu ? Julie....... (*avec tranquillité.*) Est-ce qu'elle étoit au bal, Julie ? Elle l'avoit quitté.

DUMONT.

Ouï ; mais, dès que vous avez été parti, elle y est rentrée. Elle a sçu que j'y étois, & quelque innocente qu'on soit, on est toujours ramenée vers ce qu'on aime.

DAMIS.

(*à part.*) Le maraud! (*haut.*) T'a-t-elle parlé?

DUMONT.

Oui.

DAMIS.

De..... Moi?

DUMONT.

Elle m'en a glissé quelques mots, en passant; mais j'ai bien vu où la friponne en vouloit venir; elle s'entretenoit du maître pour déguiser l'intérêt qu'elle veut bien prendre au valet. Pas mal adroit, au moins. Aussi ai-je soudain détourné la conversation sur ce qui l'intéressoit davantage.

DAMIS.

Cependant....

DUMONT.

Que Diable, Monsieur, chacun songe à soi. Vous aimez, vous, les grandes Dames: moi, je me rabats sur les Bergeres.

DAMIS.

Poursuis.

DUMONT.

J'étois..... où en étois-je donc ? Ah !... J'étois en train de lui déclarer mon amour, lorsque le fils du Fermier du Château est venu la prier pour danser.

DAMIS.

Quoi ! elle a dansé, avec ce nigaud-là ?..... (*à part.*) Je suis au supplice.

DUMONT.

Il a bien fallu ; j'étois en bottes : mais c'étoit elle qu'il falloit voir ; c'étoit une grace, une contenance, des tours d'épaules, une certaine noblesse. On auroit juré que c'étoit une fille de qualité qui dansoit sous les habits d'une Paysanne. Je brûlois, moi, pendant tout ce tems-là ; oui, cette danse m'a achevé.

DAMIS (*à part & avec dépit.*)

Ce drôle-là me payera le plaisir qu'il a eu. (*haut.*) Ainsi, te voilà donc bien amoureux.

DUMONT.

Oui ; mais tout cela sans conséquence.

DAMIS.

Qu'entends-tu par-là.

DUMONT.

J'entends que je ne serai pas assez fou pour me lier à un certain point. C'est une amourette pastorale dont j'amuse notre solitude. J'ai de l'ambition, je veux faire mon chemin. Or, vous concevez bien que voulant aller au grand, je n'irai pas m'enterrer dans un village, & filer le parfait auprès d'une petite Paysanne, à qui il faudroit faire le sacrifice de toutes mes espérances ; ce seroit m'égorger de ma propre main.

DAMIS.

Vous êtes bien hardi, Monsieur le Faquin, de tenir de pareils discours sur une fille telle que Julie ! Apprenez à la mieux connoître : une Paysanne vertueuse est un objet sacré pour tout le monde,

B iij

& sur-tout pour vous. Je la protége, & je veux qu'on la respecte : entendez-vous !

SCENE IX.

DUMONT (seul.)

Oui dà ! Je l'épouserai, moi, puisqu'il la respecte ; & puis, c'est que réellement cette petite fille mérite toute mon affection.

Fin du premier Acte.

ACTE II.

SCENE PREMIERE.
JULIE, AGATHE.

JULIE.

EH! pourquoi, chere Agathe, ne veux-tu pas me laisser jouir d'un moment de solitude?

AGATHE.

C'est que je prends intérêt à vous; mais je vois bien que j'aime une ingrate: vous m'appelez votre amie, & vous ne voulez pas me confier vos peines.

JULIE.

Ces reproches me tuent. Mon cœur trouveroit plus de charmes que tu ne penses à s'épancher dans le tien; mais ce charme séduit & souvent ne console pas. Mon inquiétude est d'une nature...

AGATHE.

Si je la devinois ?

JULIE.

Oh ! je t'en défie.

AGATHE.

Je crois......

JULIE.

Tu te trompes.

AGATHE.

Un moment donc, que j'aie parlé.

JULIE.

Eh bien ! parle.

AGATHE.

L'amour ne seroit-il pas ?....

JULIE.

Tu devines très-mal.

AGATHE.

Pas si mal. Et Damis.... vous rougissez ! voilà votre secret : convenez-en.

COMEDIE.

JULIE.

Je ne l'aime pas en vérité.

AGATHE.

A la bonne heure ; mais je crois qu'il ne vous déplaît pas.

JULIE, (à part.)

Dans quel trouble elle me jette ! il n'est plus tems de feindre. Ciel ! je tremble.

AGATHE.

Allons, du courage.... seriez-vous fâchée ?.

JULIE.

Agathe, tire-moi du doute le plus cruel. Aurois-je été assez peu circonspecte ?... Auroit-on pu s'appercevoir ?... Mon pere.... Damis... Ciel ! que je suis malheureuse !

AGATHE.

Comme vous vous effrayez ! c'est que je suis clairvoyante, moi.

JULIE.

Je ne résiste plus à t'ouvrir mon cœur,

ma chere Agathe: oui, j'aime. Et qui, mieux que Damis peut mériter mon amour?

AGATHE.

Ah! vous voilà devenue raisonnable. Et y a-t-il long-tems que vous l'aimez?

JULIE.

La premiere fois que je le vis, c'étoit à la nôce de ta cousine avec Maurice: son air noble, ses manières, sa politesse me plurent d'abord. Tant que dura la fête, je ne pouvois lever les yeux sans rencontrer les siens; le lendemain je me parai, sans m'en appercevoir; pour la première fois je desirai d'être belle. J'arrivai, des premieres, au bal, & je vis bien, Agathe, le plaisir que je lui faisois. Il ne me quitta plus, tout ce qu'il me disoit persuadoit mon cœur. Enfin, que devins-je, ma chère Agathe, lorsque Damis, me prenant la main, me jura qu'il m'adoreroit toute sa vie? Alors, interdite, ne sçachant que répondre, je voulus le quitter; mais, lui m'arrêtant : « Pourquoi me fuyez-vous, » me dit-il ? Aurois-je pu vous dé- » plaire ? ». Je dis que non .... par politeſſe. Il continua à me parler de ſon amour, mais d'un ton ſi tendre, que je me reprochois mon ſilence. L'entretien devenoit plus vif, lorſque j'apperçus mon père, qui, de l'autre bout de la chambre, nous regardoit ; je le fis remarquer à Damis qui changea de diſcours ; & nous recommençâmes à danſer.

AGATHE.

Votre père ſe trouva là bien mal-à-propos ; car vous lui auriez dit que vous l'aimiez auſſi, & cela eût été tout arrangé.

JULIE.

Au contraire, Agathe, cela fut fort heureux pour moi ; depuis ce moment mon père devint triſte ; il l'eſt encore ; il craint Damis apparemment : oh ! je ne veux plus lui parler ; j'ai réſolu d'étouffer mon amour.

AGATHE.

Belle résolution ! vous voulez donc mourir ?

JULIE.

Oui, plutôt que donner du chagrin à mon pere ; il en a déjà eu tant.... mais, Agathe, finissons cet entretien. A propos, crois-tu que Damis sçache que je l'aime ?

AGATHE.

Non, vraiment, il ne le sçauroit pas, si je ne lui avois pas dit.

JULIE.

Comment ! qu'as-tu dit ?

AGATHE.

Ce matin je l'ai trouvé dans le même état que vous ; il m'a fait pitié ; je lui ai dit que vous étiez comme lui, & que cela venoit sûrement de la même cause.

JULIE.

Le beau service que tu me rends-là ! me voilà perdue !... Je ne veux te revoir de ma vie.... Où me cacher maintenant ?

COMEDIE.

AGATHE.

Je croyois....

JULIE.

Je croyois que tu étois mon amie.

AGATHE.

Mais.......

JULIE.

Mais si j'eusse voulu qu'il l'eût sçu, ne le lui aurois-je pas bien dit moi-même ?

AGATHE.

Je lui dis bien aussi que vous vous en fâcheriez ; mais il m'a répondu....

JULIE.

Quoi ?....

AGATHE.

Pourroit-elle rejeter une flamme si pure ? Voudroit-elle me voir mourir ? Il me disoit cela avec un air si naïf.... Et puis, après cela, comment voudriez-vous qu'on ne s'intéressât pas aux maux d'un aussi aimable garçon ? Aussi lui ai-je promis de le bien servir ; mais je vois bien que mes promesses seront vaines auprès de vous…. (*Julie s'attendrit, & Agathe réfléchit un moment en silence.*) J'imagine un moyen pour le désabuser; je n'ai qu'à lui dire que dès que j'ai voulu vous en parler, vous vous êtes mise dans une fureur…. & que vous n'avez jamais voulu me laisser achever…. vous ne répondez rien ?

JULIE, (*avec dépit.*)

Pourquoi lui as-tu dit que je l'aimois?…

AGATHE.

Je lui ai dit seulement que je croyois que vous l'aimiez; mais je lui dirai que vous ne l'aimez pas : il faut le désabuser, cela est nécessaire.

JULIE.

Arrête…. ma chère Agathe ! ne vaudroit-il pas mieux oublier Damis ? Que sçais-je ? S'il vouloit me tromper ? Ce qu'il m'a juré tant de fois, s'il le juroit à d'autres ?

SCENE II.

JULIE, AGATHE, DUMONT.

AGATHE.

Voila son Valet qui vient; interrogeons-le; nous sçaurons sûrement quelque chose par lui.

JULIE.

Attends.

AGATHE.

Il n'y a pas de tems à perdre; il faut nous éclaircir, à quelque prix que ce soit. (*A Dumont.*) Monsieur Dumont, vous passez bien vîte.

DUMONT.

Ah! belle, je ne m'attendois pas à être arrêté si agréablement.

AGATHE.

Monsieur Dumont, nous avions quelque chose à vous dire; mais nous l'avons déjà oublié.

DUMONT (à part.)

Bonne marque! (*Haut.*) pareille chose m'arrive, lorsque je vous aborde; un trouble, un désordre, une sorte de frémissement, n'est-ce pas?

AGATHE.

Ah! je n'en sçais pas si long que vous, Monsieur Dumont.

DUMONT.

Vous sçavez m'enchanter.

AGATHE.

Oh! voilà comme vous êtes, vous autres Messieurs de la Ville; vous dites la même chose à toutes vos Maîtresses; car vous en avez beaucoup, ainsi que votre Maître?

DUMONT.

Oui, mon Maître & moi nous sommes fort courus.

AGATHE.

Il a donc bien des Maîtresses, votre Maître?

COMEDIE.

DUMONT.
Cela va sans dire.

JULIE.
Qui l'occupent fort, sans doute?

DUMONT.
Oh! je vous en réponds; mais elles m'occupent encore bien davantage; car je cours du matin au soir.

AGATHE.
Il est donc bien amoureux?

DUMONT.
Assez, oui; mais il se perfectionne tous les jours; car il ne quitte pas une Maîtresse que ce ne soit pour en aimer davantage une autre.

JULIE.
Entends-tu, Agathe?

AGATHE.
Oui.

DUMONT, (à part.)
Elles me parlent toujours de mon Maître; c'est pour cacher leur jeu.

JULIE.
A quoi étois-je exposée ? Cruel ! quel étoit donc ton dessein ?

DUMONT, (à part.)
Elles se parlent à l'oreille ! comme elle a l'air troublé ! on m'aime ; je n'en puis douter. (Haut.) Eh bien ! parlez, ne craignez rien. Ouvrez-moi vos deux cœurs ; le mien vous attend ; il s'élance au-devant de vos coups... (A part.) J'apperçois Lisimond ; j'ai envie de lui parler de mes projets ; mais non, (en s'en allant) je prendrai un autre moment ; cet enfant ne peut m'échapper ; je vous laisse.

SCENE III.
JULIE, AGATHE, LISIMOND.

LISIMOND, (d'un air sérieux.)
N'est-ce pas le Valet de Damis ?

AGATHE.
Oui, Monsieur.

COMEDIE.

LISIMOND.

Agathe, laissez-nous. (*Elle s'en va.*)

JULIE, (*à part.*)

Que me veut mon père?.. je suis toute tremblante.

SCENE IV.
JULIE, LISIMOND.

LISIMOND.

Viens, asséions nous sur ce banc de gazon ; j'ai à te parler. (*Ils s'asséient.*) Julie, (*regardant sa fille fixement*) m'aimes-tu toujours.

JULIE, (*se jettant à son col.*)

Si je vous aime ! que me demandez-vous ?

LISIMOND.

Ce que tu me réponds. Ecoute-moi, ma chère Fille ! jusqu'à présent, tu m'as paru contente de la vie que tu menes, les occupations champêtres, le plaisir de soulager ton père ; sur-tout cette paix intérieure d'une ame qui ne se craint point, ne t'ont pas laissé desirer un autre bonheur : de mon côté, tu m'as fait tout oublier : quand je presse ma Julie sur mon sein, l'univers disparoît pour moi, & je goûte, en pleurant, la douceur d'être père. Si tu sçavois combien de fois, dans le secret de la solitude, des larmes de joie ont inondé mes yeux, quand je me rappelois ta constance, ta tendresse pour moi.... tu es le seul trésor que j'aye sauvé de mon naufrage : Julie ! ma chere fille, s'il me falloit le perdre, il vaudroit autant m'arracher la vie.

JULIE.

Ah ! si je vous suis chère, cessez de me tenir de pareils discours. Comment donc ai-je pu donner lieu à vos craintes, à vos allarmes, moi qui mourrois plutôt que de mériter le moindre de vos reproches ? Disposez de moi, mon père, je m'abandonne à vous : rien, rien au monde ne peut brifer les nœuds qui m'attachent à vous. Ah ! je fuis trop heureufe d'être néceffaire à votre bonheur ; voilà ma gloire, ma confolation & ma récompenfe : mais, de grace, qu'avez-vous remarqué en moi qui ait pu m'attirer ?....

LISIMOND.

Puifque tu veux que je te le dife, j'ai cru m'appercevoir d'un peu de contrainte dans tes difcours & dans ta conduite : je ne fçais quelle rêverie t'éloigne de moi plus fouvent ; ton front eft moins ferain ; je ne te vois plus, comme à l'ordinaire, voler en riant, dans mes bras & m'affocier aux jeux de ton âge. J'ai craint que ton ame ne fe livrât à des idées, qne, peut-être, ne s'explique-t-elle pas à elle même, & qui te tourmenteroient bientôt au lieu de te confoler.

JULIE.

Eh bien ! mon pere, vous ne vous

plaindrez plus, je vous le promets. Il est vrai que depuis quelque jours.... voilà qui est fini, mon pere : votre voix m'a éclairée, & de ce moment, je reprends ma tranquilité.

LISIMOND.

Julie. je ne suis point injuste. Ton cœur est libre; je ne veux point l'assujettir; je ne veux pas même pénétrer trop avant dans ses replis : mais tu es dans un âge où le piége est sous tes pas : tu as besoin d'un guide, tu as besoin d'un ami. L'amour est une passion dont les progrès sont d'autant plus dangereux, que souvent ils sont insensibles; il prend toutes sortes de formes pour séduire ; il se déguise même sous les traits du devoir. Je ne prétends pas que tu sois toujours insensible à un penchant aussi naturel & que tu sçais si bien inspirer ; mais je veux, mais je dois t'armer contre des séductions, qui ne laissent après elles que des regrets ; contre des goûts passagers donr tant de malheureuses femmes ont été les victimes. Sur-tout, ne laisse jamais égarer tes desirs loin d'un état où le Ciel t'a bornée : l'image du bien-être séduit, l'amour-propre s'y joint, & l'on est tout étonné de trouver le malheur sous les dehors d'une apparente félicité.

JULIE, (*reprenant sa sérénité.*)

Je vous remercie, mon père. Mille idées confuses se dissipent à mes yeux : chaque mot que vous me dites est une consolation qui coule dans mon cœur. Oh ! me voilà bien armée, je vous assure.

LISIMOND.

Tu avois donc besoin de l'être ! Tu rougis : je ne t'en demande pas davantage.... ainsi, ma chère Julie, je suppose qu'un amant, usant des droits qu'il pourroit avoir sur ton cœur, & sur ton esprit t'imposât la loi d'abandonner ton père.....

JULIE.

N'achevez pas : dès ce moment, il me seroit odieux, & je me croirois coupable d'hésiter, un instant, à vous en faire le sacrifice. Vous ne sçavez pas tout ce dont je suis capable pour vous. L'amour le plus tendre, je consentirois de l'étouffer, s'il pouvoit vous déplaire. Ah ! mon père, croyez ce que je vous dis : ne soyez plus inquiet de mes sentimens, & sur-tout comptez sur mon courage.

LISIMOND.

Que tu m'attendris ! vas, je t'aime plus que jamais. Cet entretien ne t'a point chagrinée, n'est-ce pas ?

JULIE.

Non mon père, il m'a fortifiée ; & je ne me reconnois pas moi-même.

LISIMOND.

Pour moi, je t'ai bien reconnue, tu es toujours ma chère fille, ma vertueuse Julie. Adieu, je vais près d'ici, chez Clément & je te rejoins bientôt.

(Il sort.)

SCENE

SCENE V.

JULIE, (*seule.*)

Oh! il a bien raison; il faut se défier de l'amour, plus Damis est aimable, plus je dois le fuir ; il m'empêcheroit d'aimer mon père autant que je le dois.

SCENE VI.
JULIE, AGATHE.

AGATHE.

Julie, Damis est là.

JULIE.

Eh! bien qu'il y reste.

AGATHE.

Je lui ai dit que vous étiez avec votre père; qu'il m'avoit fait sortir, & que cela avoit l'air d'un entretien d'importance; il est d'une inquiétude, d'une inquiétude... Oh! ce garçon-là vous aime bien.

JULIE.

Pour moi, Agathe, je ne l'aime point, & je ne veux plus le voir.

AGATHE.

Comment! qu'est-ce que cela signifie? Il m'a pourtant bien recommandé de venir l'avertir, quand il pourroit vous parler; mais, si je ne l'avertis pas, il viendra toujours.

JULIE.

Je le lui défends, vas, qu'il n'approche point.

AGATHE.

Bon, ne le voilà-t-il pas? quand je vous le dis, qu'il ne peut pas rester tranquille.

SCENE VII.
DAMIS, JULIE, AGATHE.

DAMIS.

Belle Julie, pardonnez à mon impatience : quel siécle s'est écoulé, depuis que je ne vous ai vue ! Agathe vient d'être témoin de mon inquiétude : votre Père, m'a-t-elle dit, s'entretenoit avec vous, la sévérité étoit peinte sur son visage : quel en étoit l'objet ? Parlez; tranquillisez mon amour.

JULIE.

Depuis quand, Monsieur, faut-il que je vous rende compte de ce qui se passe entre mon Père & moi ?

DAMIS

Qu'ai-je entendu ? Quelle froideur ! (*à Agathe*). Agathe ! ...

AGATHE.

Ma foi, Monsieur, c'est à vous de deviner ce que cela veut dire ; pour moi, je n'y entends rien.

DAMIS, (*d'un ton plus tranquille.*)

Daignerez-vous, au moins, m'expliquer d'où vient ce changement ?

JULIE.

Je ne suis point changée, Monsieur. S'il m'est échappé quelques paroles indiscrettes, mon cœur les désavoue ; c'est un larcin que vous avez fait à ma simplicité. Ouvrez les yeux, Monsieur, & voyez où vous êtes, est-ce ici votre place ? Retournez dans un monde où vous avez des devoirs à remplir, & où tant de Femmes soupirent peut-être de votre absence.

AGATHE, (*à part*).

Cela lui tient au cœur.

DAMIS.

J'entends, j'entends, cruelle !... Mais ce n'est point vous, qui parlez en ce moment : voilà le fruit de votre conversation avec votre Père, ou plutôt, votre Tyran.

COMEDIE.

JULIE.

Quoi, Monsieur, vous osez?

DAMIS.

Oui, votre Tyran : pourquoi s'oppose-t-il à des vues légitimes ? Pourquoi exige-t-il de vous le sacrifice de votre bonheur ? Il prétend donc vous ensevelir, pour toujours, dans cette obscurité dont je voulois vous tirer ; il veut, sans doute, que votre cœur attende ses ordres pour aimer. Ah ! pères barbares, avez-vous le droit de commander aux ames ? Oubliez-vous que les priviléges d'un amour vertueux sont aussi sacrés que ceux mêmes de la nature ?

JULIE (*à part*).

Son emportement me rend tout mon courage (*Haut*). C'en est fait, Monsieur ; après un pareil outrage, n'espérez plus rien de moi, pas même de la pitié : qui offense mon Père, cesse de me respecter. Vous venez de justifier ma conduite avec vous. Qu'allois-je faire, grand Dieu ? A qui allois-je me livrer ? Je me retire, pour ne plus vous entendre.

AGATHE.

Cela devient sérieux.

DAMIS.

Ah ! demeurez, demeurez, Julie : voulez-vous ma mort ? avant de me quitter, sçachez que ma vie, loin de vous, va être un tissu de douleurs ; la vôtre même ne sera point tranquille : vous vous reprocherez les larmes que vous me faites répandre : peut-être sommes-nous faits l'un pour l'autre ? Le Ciel, qui m'a conduit ici, vouloit peut-être y serrer nos nœuds. Ah ! cruelle, falloit-il me laisser entrevoir l'espérance d'être à vous, pour y faire succéder l'horreur de vous perdre ? Cette barbarie n'est point faite pour une ame simple, pour une ame comme la vôtre. Eh ! bien, Julie, faut-il vous dire un éternel adieu ?

COMEDIE.

JULIE.

Non, jamais, Damis, je ne vous pardonnerai ce que vous m'avez dit de mon Père.

DAMIS.

Quoi ! vous ne pardonnerez point à l'égarement de la passion, à l'ivresse du désespoir, à l'oubli de moi-même ? Ce trouble, ce désordre, cet emportement, voilà votre ouvrage. Je respecte votre Père ; je le respecterai toujours : oui, puisqu'il le faut, je baiserai la main qui m'arrache le cœur. Je tombe à vos pieds ; il faut que j'y obtienne ma grace, il le faut.

AGATHE.

Levez-vous, levez-vous, Monsieur, voici Lisimond qui vient.

JULIE.

Ciel, fuyons, Agathe, je ne puis supporter sa présence.

SCENE VIII.
DAMIS, LISIMOND.

LISIMOND.

Damis aux genoux de ma fille!

DAMIS (*avec vivacité.*)

Oui, Monsieur, je lui demandois son cœur; & je vous demande sa main.

LISIMOND.

Y songez-vous bien, Damis?

DAMIS.

Ah! Monsieur, vous êtes l'arbitre de mon sort; voudriez vous me réduire au désespoir?

LISIMOND.

Je ne veux point votre malheur, moins encore celui de ma fille. Quelque flatteur que soit pour moi cet hymen, je dois y renoncer. Etouffez une passion qui ne fait que de naître, & qui ne peut avoir mon aveu.

DAMIS.

Moi : que j'étouffe mon amour ! non, Monsieur, non, ne l'espérez jamais : quelles sont donc les raisons d'un refus aussi cruel ?

LISIMOND.

Ah ! Damis, dispensez-moi de vous les exposer ; mon état, & celui de ma fille, est de vivre obscurs ; c'est le sort le plus doux pour des infortunés.

DAMIS.

Vous me faites frémir !

LISIMOND.

Croyez-moi : un amour si prompt n'est souvent qu'un vain songe, la saillie d'une jeunesse imprudente que désavoue la réflexion. Essayez de quitter, pour quelque tems, l'objet dont vous croyez être

C. v

si fort épris : le tems vous fera peut-être connoître que tous vos transports n'étoient qu'un délire aveugle, & non un véritable amour.

DAMIS.

Moi, quitter un instant Julie !...

LISIMOND.

Ah ! Damis, croyez que je serois flatté de votre alliance ; mais pourquoi vouloir s'engager dans des nœuds qui pourroient nous devenir funestes à tous ? Peut-être me reprocheriez-vous un jour de vous avoir accordé ce que vous me demandez aujourd'hui avec tant d'instance. Je vous aime ; je veux mériter votre estime : peut-être les liens du sang ne serviroient qu'à nous désunir : peut-être qu'un jour, abandonné de ma fille... J'y vois un avenir affreux. Les yeux des malheureux n'envisagent que des malheurs : le destin nous sépare ; soyez-en touché, & ne cherchez pas à en démêler la cause. Adieu, Monsieur,

COMEDIE.

je ne puis vous laisser aucune espérance; ce seroit vous tromper, & j'en suis incapable. (*Il sort*).

DAMIS.

Monsieur, vous me percez le cœur.

Fin du second Acte.

ACTE III.

SCENE PREMIERE.

DUMONT, (*seul.*)

Enfin j'ai un moment; Damis paroît absorbé dans ses réflexions; & il n'aura pas besoin de moi de sitôt. (*Clément paroît & l'écoute en silence.*)

SCENE II.

DUMONT, CLEMENT.

DUMONT, (*sans voir Clément.*)

Songeons un peu à nos affaires, c'est-à-dire, à nos amours. Il est tems que je finisse avec Julie & que je m'arrange pour notre mariage; j'irois bien chez

COMEDIE.

elle, mais son père a un air sévère & imposant, qui... je ne sçais pas; mais.... je ne l'aime pas, à beaucoup près, autant que sa fille : attendons la ici ; elle m'aime avec une ingénuité qui me charme ; elle n'est pas sotte ; elle a du goût, &....

CLÉMENT.

Parsangué, que dites-vous donc là de Julie & de vos amours?

DUMONT.

Ah! ah! tu es bien curieux! comment? Est-ce que tu voudrois être mon confident?

CLÉMENT.

Le beau rôle à jouer que le confident de Monsieur Dumont! Monsieur Dumont, voyez-vous, est un homme d'une grande importance, un homme à mystères.

DUMONT.

Je suis bien aise que tu sentes un peu ce que je vaux.

JULIE,

CLÉMENT.

Eh! le moyen de ne pas sentir ça? ça saute aux yeux. Vous êtes donc bien amoureux de Julie, autant que j'ai pu comprendre?

DUMONT.

C'est elle qui est amoureuse de moi, & je compte en faire ma femme.

CLÉMENT.

Votre femme! çà ne seroit pas mal avisé, au moins; vous allez vîte en besogne.

DUMONT.

Mais tu as un petit air ironique, qui commence à me chiffonner les oreilles.

CLÉMENT.

Mais, c'est que vous avez, vous, un certain petit air impertinent qui ne vous sied pas; parce que vous êtes au village, vous croyez n'avoir affaire qu'à des sots; c'est vous qui l'êtes, entendez-vous? Monsieur Dumont, croyez-moi,

COMEDIE.

restez ce que vous êtes, renoncez à tous ces airs qui font pitié.

DUMONT.

Monsieur Clément,.... vous me paroissez de bon conseil.

(*Clément hausse les épaules, & rit en regardant Dumont.*)

SCENE III.
CLEMENT, DAMIS.

DAMIS.

CLÉMENT, je voudrois vous parler.

CLÉMENT.

Eh bien, qu'est-ce que vous nous voulais?

DAMIS.

Je veux, mon cher Clément, ou plutôt je te prie de me rendre un grand service.

CLÉMENT.

Voyons-ça,..... si c'est possible, je

ne demandons pas mieux ; car, auſſi bien vous me revenez aſſez ; vous m'avez l'air d'un gentil cavalier, & j'aimons les honnêtes gens, voyez-vous...

DAMIS.

Oh ! je ſuis honnête, je t'aſſure ; je ſuis l'homme du monde le plus amoureux.

CLÉMENT.

Ces deux choſes là ne marchent pas toujours enſemble ; il y a de grands ſcélérats en amour, mais je ne penſons pas que vous ſoyez du nombre ; je puis donc vous être utile ?

DAMIS.

Tu peux me rendre la vie.

CLÉMENT.

Et par quel moyen... çà ?

DAMIS.

Tu connois Liſimond ; tu lui parles ſouvent ; on dit même qu'il te conſulte & que tu as des droits ſur ſon eſprit ; il

COMÉDIE.

aut, mon cher Clément, lui parler pour moi, & lui conseiller sur-tout d'être favorable à mon amour; j'adore Julie; mes prétentions n'ont rien qui doive effrayer son père; elles sont légitimes; & je mourrois plutôt que de faire rougir, par quelqu'outrage, le front d'un vieillard aussi respectable.

CLÉMENT.

Respectable, c'est bien dit; écoutez donc, Monsieur l'Amoureux! vous me chargez là d'une négociation un peu bien délicate; Lisimond a des bontés pour moi, & c'est pour çà que je devons l'estimer davantage: vous êtes bien jeune pour qu'on croye à toutes vos belles promesses; promesses d'Amans, c'est de la fumée; on n'a pas plutôt le dos tourné que ça s'évapore; s'il en étoit de même des vôtres! dame..... si je me mêle de votre amour, n'allais pas me faire déshonneur, & me rendre complice d'une parfidie.

DAMIS.

Non, Clément, non, je suis jeune;
eh! qu'importe? Quand le cœur est bon,
la jeuneſſe eſt l'âge de la vérité.

CLÉMENT.

Mais non pas de la conſtance.

DAMIS.

Je te proteſte que j'aime Julie pour
toute ma vie; je veux m'unir à elle; je
veux que mon bonheur dépende d'elle
& de ſon Père; & les droits de l'Epoux
n'affoibliront jamais les tranſports de
l'Amant.

CLÉMENT.

Voilà une jolie morale pour votre
âge. Allons, vous m'attendriſſez; il faudra voir; mais, qu'eſt-ce qu'il vous dit
pour ſes raiſons, ce Père ſi difficul-
tueux?

DAMIS.

Il dit que l'éclat n'eſt point fait pour
lui; que ce mariage ne convient pas à

son obscurité; il m'allègue, sur-tout, la distance prétendue des rangs & l'inégalité de nos conditions.

CLÉMENT.

Oh! s'il n'y avoit que cela......

DAMIS.

Comment, que dis-tu?

CLÉMENT.

Je ne dis rien... stapendant il y a bien queuque chose à dire à tout çà.

DAMIS.

Achève; prends pitié de mon sort, & compte sur une éternelle reconnoissance.

CLÉMENT.

Ah! palsangué! ne me promettez rien; c'est le moyen de gêler toute ma bonne volonté.

DAMIS.

Eh bien! mon cher Clément, sois mon ami, sois mon protecteur.

CLÉMENT, (*à part.*)

Ce jeune homme-là eſt très-intéreſſant. (*à Damis.*) Tenez, vous m'avez gagné l'ame ; &, ce n'eſt point trahir Liſimond que de vous dire..... ce que je vas vous dire.

DAMIS.

Eh, quoi ! je meurs d'impatience ; queſt-ce que c'eſt, mon cher Clément ? Parle.

CLÉMENT.

L'obſtacle qu'il vous oppoſe n'eſt pas un véritable obſtacle.

DAMIS.

Comment !

CLÉMENT.

Cette prétendue inégalité de rangs, elle n'exiſte pas ; entendais-vous ? C'eſt une fable.

DAMIS.

Se pourroit-il ? Serois-je aſſez heureux ?

COMEDIE. 69

CLÉMENT.

Pour vous trancher le mot, Lisimond est homme de condition.

DAMIS.

Qu'entends-je ? Se pourroit-il ? Oui. Cela doit être : Julie ne peut sortir que d'un sang illustre ; la noblesse est peinte dans toute sa personne. Je succombe à ma joie ; mais, par quel coup du sort sont-ils ignorés dans ce hameau ?

CLÉMENT.

Oh ! ce n'est pas le sort qui a fait cela, c'est l'injustice des hommes ; cet honnête vieillard a éprouvé toutes sortes de traverses ; il vit, ici, d'un petit bien qu'il a conservé. C'est la plus belle ame !

DAMIS.

O mon cher Clément ! que m'a-tu appris ! Quelle jouissance pure je vais goûter ! jusqu'à présent, j'ai joui de mes biens avec une sorte d'indifférence ; mais avec quel plaisir je vais en consacrer l'usage, en les versant dans le sein de la respectable indigence ! Je vais relever la vertu, la noblesse, les graces, tout ce que les humains ont de sacré, tout ce qu'ils ont d'adorable ! ô bonheur inoui ! ô mon cher Clément ! conçois-tu mes transports.

CLEMENT.

Je fais plus, je les partage. Oh ! je ne me repens pas d'avoir parlé ; mais ne m'avez-vous pas dit que vous attendiez la réussite de quelque chose, là, qui embarrasse vos biens ?

DAMIS.

Tu veux dire mon procès ? Oh je le gagnerai, ma cause est bonne ; mais elle me paroît bien meilleure depuis qu'elle devient celle de deux infortunés.

CLEMENT. (*à part.*)

Le brave jeune homme... çà, Damis, j'entends du bruit, adieu : je vais trouver Lisimond, & laissez-moi faire ; je

COMEDIE. 71

ne gâterai rien. Gardez-moi le secret, si vous pouvez ; sinon, je vous en dispensons.

SCENE IV.
JULIE, AGATHE, DAMIS.

DAMIS.

Que vois-je, Julie! ah, je ne crains plus rien ; votre père n'a plus de raison.... vous serez à moi..... je suis dans un ravissement....

AGATHE.

Vraiment, Monsieur, vous prenez bien votre tems pour vous réjouir, jamais nous n'avons été si chagrines.

JULIE.

En effet, Monsieur, je ne conçois rien à vos transports : ce que j'ai à vous dire....

DAMIS (*avec transport*)

J'ai réponse à tout.

JULIE.

Apprenez....

DAMIS.

Apprenez vous-même, que tous les obstacles qu'on mettoit à votre mariage s'applanissent, je sçais.... si vous sçaviez.... vous êtes... ah, je sçais ce que vous êtes : non, non, vous ne m'échapperez plus : vous serez à moi.

JULIE.

Que sçavez vous, qui suis-je, & d'ou vient cette joie immodérée ?

AGATHE.

C'est l'amour qui lui tourne la tête.

JULIE.

Pour moi, Monsieur, je viens vous annoncer que j'ai reçu de mon père l'ordre de ne vous plus voir.

AGATHE

Vous verrez qu'il va nous donner un contre ordre.

DAMIS.

Oui, sans doute; il est impossible que
votre

votre père se refuse à mes projets. Belle & vertueuse Julie, le mystère de votre naissance est éclairci, vous n'êtes point ce que vous croyez être... La tendresse ingénieuse de votre père vous a caché votre rang pour vous adoucir le chagrin de votre situation présente, mais l'amour est clair-voyant, on ne lui cache rien. Le mien a tout pénétré, oui, tout. Il ne me reste plus qu'à réparer vos malheurs, qu'à faire rougir la fortune, qui a tâché vainement d'humilier la vertu. Vous voyez que de ce moment toutes les difficultés disparoissent.

JULIE.

Que me dites-vous ? Est-ce un songe? Quoi, la naissance me rapproche de vous. Ah ! Damis, si vous m'abusiez....

AGATHE.

Non, non, ces amans sont charmans ! Vous n'avez qu'à l'interroger, je suis sure qu'il sçait mieux notre histoire que nous ne la sçavons nous-mêmes.

D

JULIE.

Mais, quand ce que vous m'apprenez seroit vrai, cela ne changeroit rien aux dispositions de mon père; au contraire, plus il a été élevé, plus il craindroit de reparoître dans un monde qu'il a été obligé de fuir & d'où l'infortune l'a exilé.

DAMIS.

Il y reparoîtra.

AGATHE

Laissez faire Monsieur.

DAMIS.

Il reparoîtra, vous dis-je, dans l'état qui lui convient ; mon crédit, mes biens, tout est à vous : j'essuyerai ses larmes, je préviendrai les vôtres, j'enrichirai le monde de deux trésors.

JULIE.

Encore un coup Damis, il ne le voudra point ; mon père a pris le goût de la solitude.

DAMIS.

Quoi ! vous croyez, belle Julie, que Lisimond voudra vous sacrifier, & vous associer à une vie pour laquelle vous n'êtes point faite ? Sa carrière finit, la vôtre commence. Vous devez à la société un ornement & un modèle. Ne seroit-il pas barbare d'ensevelir tant de charmes dans la nuit de l'indigence, quand il peut vous procurer l'aisance & le bonheur ? Ce n'est pas un bienfaiteur qu'il trouve, c'est un gendre, c'est un fils bien tendre, dont le premier vœu est de consoler sa vieillesse, & de lui montrer, dans notre union, le spectacle attendrissant de deux heureux qu'il aura faits ?

AGATHE.

Que cela est bien dit !

JULIE.

Je me laisse entraîner au plaisir de vous entendre, & j'oublie trop, peut-être, ce que j'ai promis à mon père.

Mon cher Damis, il faut nous séparer, mais, je ne vous oublierai jamais... adieu le plus aimable & le plus généreux des hommes.

DAMIS.

Oh ! je vous suis, je ne vous quitte pas.

JULIE.

Qu'allez-vous faire ?

DAMIS.

Me jeter aux pieds de Lisimond.

SCENE V.

JULIE, AGATHE, DAMIS, DUMONT.

DAMIS.

MAIS que me veut Dumont.... attendez un instant.

DUMONT, (à part.)

Il a l'air bien échauffé ! cela ne dit rien de bon pour mes amours.

COMÉDIE. 77

DAMIS.

Eh bien ? ....

DUMONT, (*regardant son Maître fixement.*)

Eh bien, Monsieur....

DAMIS.

Que tiens-tu là ?

DUMONT.

Vous le voyez bien ; c'est une lettre.

DAMIS.

Pour qui ?

DUMONT, (*regardant toujours fixement.*)

Pour vous.

DAMIS.

Eh ! donne donc, Maraud ; elle est de Paris ; elle m'annonce, sans doute, le jugement de mon affaire : lisons.

DUMONT, (*passant entre Agathe & Julie.*)

Qu'est-ce qu'il vous contoit-là ? Ne l'écoutez point & soyez-moi fidéles.

DAMIS, (*se détournant.*)

Qu'ai-je lu ! Ah malheureux ! quel

D iij

moment le fort choisit pour m'accabler! (*A Dumont.*) Va-t-en.

DUMONT.

Quelles nouvelles ?

DAMIS, (*d'un air imposant.*)

Sors.

SCENE VI.

JULIE, DAMIS, AGATHE.

AGATHE (*à Julie.*)

Il a l'air bien troublé.

JULIE.

Ma chère Agathe, il est prêt à pleurer ; je tremble ; Damis, qu'avez-vous?

DAMIS.

Julie, ma chère Julie, votre père sera content ; la fortune se joint à lui pour vous enlever à mon amour ; je me vois presque ruiné par la perte de mon Procès ; écoutez ce qu'on m'écrit : " Au

» moment où votre Procès alloit être
» jugé, & que tout sembloit vous être
» favorable, votre partie adverse a four-
» ni un ancien titre, par lequel elle re-
» clame les trois quarts de la succession
» de votre oncle ; le titre a prévalu, &
» vous êtes condamné. » C'en est fait,
adorable Julie, je ne veux point troubler votre repos par des plaintes impor-
tunes ; je vais cacher, loin de vous, ma
douleur, mon infortune & mon amour.

AGATHE.

Que je le plains !

JULIE.

Arrêtez, Damis ; mon cœur jusqu'ici
n'a eu que des mouvemens contraints ;
votre malheur me détermine ; c'est à
présent, sur-tout, que ma reconnoissance doit éclater : il s'y joint des sentimens plus tendres. Croyez que ce qui
vous arrive ne change rien dans mon
cœur. Julie n'a jamais été éblouie par
votre fortune ; & je sens, plus que ja-

D iv

mais, à quel point vous m'êtes cher, puisque j'ai le courage de vous l'avouer.

DAMIS.

Belle Julie, quel langage! quelle générosité! quelle ame!...Mais votre Père...

JULIE.

Mon Père n'eſt point un Tyran ; il m'aime ; il ne voudra pas me voir malheureuſe. Laiſſez-moi lui parler; le voici, retirez-vous ; votre cauſe ſera bien défendue.

AGATHE.

Ne vous chagrinez pas, ſur-tout.

SCENE VII.

LISIMOND, JULIE, AGATHE.

LISIMOND.

MA chère Julie, te voilà bien troublée : le ſacrifice que j'ai exigé de toi pèſe encore ſur ton cœur ; mais, crois-moi, bientôt cette rigueur d'un moment ne te paroîtra plus qu'un bienfait. Tu as parlé à Damis ; Clément t'a laissée avec lui ; tu lui auras, sans doute, ôté toute espérance.

JULIE.

Mon Père, je vous ai désobéi.

LISIMOND.

Comment ?

JULIE.

Je lui ai dit, que … je l'aimois, & que je l'aimerois toujours.

LISIMOND. (*avec emportement*).

Ma fille !…

AGATHE.

Monsieur, en vérité, elle ne pouvoit guères faire autrement ; quand vous sçaurez …

LISIMOND.

Taisez-vous, Agathe.. Ma fille, Clément vient de m'instruire. Je suis sensible à la générosité de Damis; mais crois-

D

tu que ses biens puissent payer celui qu'il m'enlève ? Aujourd'hui c'est la passion qui parle : la passion ne voit jamais que le moment : le desir une fois satisfait, l'illusion tombera. Damis ne verra plus en nous qu'une charge éternelle ; tu ne seras pour ton Amant qu'un objet de tristesse, de regrets, & comme un obstacle à son bonheur. Et moi, sur le bord de ma tombe, je pleurerai dans le silence ma coupable facilité qui aura fait ton malheur & le mien.

JULIE.

Mon père, vous me faites frémir ! Non, Damis ne fera jamais couler vos larmes ; jamais, mon père. Je vous dirai plus, l'aveu que je lui ai fait devient légitime par les circonstances qui me l'ont arraché.

LISIMOND.

Comment ; quelles circonstances ?

JULIE.

Lorsque son ame, toute entière, voloit à votre secours, lorsqu'il se remplissoit de l'espoir de rétablir votre fortune, & qu'il remercioit le Ciel de lui en avoir donné le pouvoir, il a reçu une lettre qui lui annonce sa ruine presque totale : accablé par ce coup imprévu, il vouloit me quitter. Je n'ai pu le laisser partir dans cet état : j'aurois résisté.. même à ses vertus ; je n'ai pu le voir malheureux sans un attendrissement, un trouble, une émotion dont je n'ai pas été maîtresse : mon cœur s'est serré ; mes pleurs ont coulé malgré moi, & l'aveu m'est échappé.

LISIMOND.

Viens, ma fille, jette-toi dans mes bras ; ta foiblesse t'honore à mes yeux ; elle part d'une ame généreuse : ce que tu me dis réveille pour Damis (*Damis paroît*) tout l'intérêt qu'il m'avoit déjà inspiré : son infortune va me le rendre sacré ; ma reconnoissance est enfin à son aise, & il ne se mêlera plus rien de suspect au plaisir de l'aimer, & de me lier avec lui.

JULIE.

Ô mon pere, que je voudrois qu'il pût vous entendre !

SCENE VIII.
DAMIS, LISIMOND, JULIE, AGATHE.

DAMIS (*se jettant aux genoux de Lisimond.*

J'AI tout entendu, ô mon protecteur ! Je n'ai plus recours qu'à vous ; je bénirai mes revers s'ils me procurent votre bienveillance : un ami tel que vous vaut tous les biens de l'univers.

LISIMOND.

Ô vous ! qui joignez aux charmes de la jeunesse les vertus de l'âge mûr, croyez que je ne suis point ingrat. C'est pour avoir trop aimé les humains, que j'ai été obligé de les fuir : vous seriez capable de me reconcilier avec eux. Vous ennoblissez l'usage de vos biens, & vous sçavez en supporter la perte ; c'est unir l'humanité au courage. Vous voyez si je vous connois, & si je vous respecte. Mais rien ne peut ébranler ma résolution, d'ensevelir ici le reste de mes jours : ce qu'un honnête homme a promis à son propre cœur, doit être indépendant des circonstances ; ainsi, n'espérez point que je vous suive dans un monde auquel j'ai renoncé.

DAMIS.

Vous, me suivre, Monsieur ! c'est moi qui veux m'attacher à vous, & habiter les lieux que vous avez choisis pour asyle.

LISIMOND.

Quoi ! vous auriez la force de renoncer aux pretendus plaisirs de votre âge, & de vivre avec nous dans cette honorable médiocrité... le secret des véritables heureux ?

DAMIS.

Oui, Monsieur, oui ; j'ai la force de tout, pourvu que vous m'accordiez Julie : ce n'est point un transport d'un moment ; c'est un sentiment qui s'affermira sous vos yeux ; c'est l'aveu d'un cœur qui ne respire que pour Julie, & qui voudroit avoir de plus grands sacrifices à lui faire.

LISIMOND.

Il suffit ; écoutez, Damis : à d'autres yeux que les miens la perte de vos biens seroit un titre d'exclusion pour vous ! j'ai une manière de penser bien différente ; vous êtes malheureux ; je n'ai plus rien à vous objecter je vous donne ma fille.

JULIE (*se jettant à son col*).
Ah, mon père !
(*Damis & Agathe se jettent aussi au col de Lisimond*).

DAMIS.

Julie!... la voix me manque; lisez dans mes yeux l'expression de ma joie.

AGATHE.

Je vous l'avois bien dit que Monsieur Lisimond étoit un bon père.

LISIMOND.

Mes enfans, mes chers enfans, je n'ai plus que quelques jours à vivre; passons les ensemble; la solitude n'a rien d'effrayant pour les cœurs vertueux: elle nourrit la sensibilité; elle facilite l'exercice des devoirs, & sçait les changer en plaisirs. Aimez-vous, aimez-moi. Que ce double sentiment vous tienne lieu de ces bruyantes dissipations où l'ame s'endurcit, & que je ne pourrois partager. On peut être heureux au Village; on peut l'être par-tout où il y a du bien à faire. Quand vous m'aurez fermé les yeux, si le desir de revoir le monde s'empare de vous, ne vous y livrez jamais assez pour altérer une union dont rien ne vous dédommageroit. Allons, mes enfans, je ne veux point différer votre félicité, la mienne en dépend ; je suis dans un âge où l'on n'a plus de momens à perdre.

Fin du Troisieme & dernier Acte.

www.ingramcontent.com/pod-product-compliance
Lightning Source LLC
LaVergne TN
LVHW050650090426
835512LV00007B/1138